BEI GRIN MACHT SICH IHR WISSEN BEZAHLT

AF131163

- Wir veröffentlichen Ihre Hausarbeit,
  Bachelor- und Masterarbeit

- Ihr eigenes eBook und Buch -
  weltweit in allen wichtigen Shops

- Verdienen Sie an jedem Verkauf

Jetzt bei www.GRIN.com hochladen und kostenlos publizieren

Bibliografische Information der Deutschen Nationalbibliothek:

Die Deutsche Bibliothek verzeichnet diese Publikation in der Deutschen National-
bibliografie; detaillierte bibliografische Daten sind im Internet über http://dnb.d-
nb.de/ abrufbar.

Impressum:

Copyright © 2015 GRIN Verlag, Open Publishing GmbH
Druck und Bindung: Books on Demand GmbH, Norderstedt Germany
ISBN: 978-3-668-10861-5

Dieses Buch bei GRIN:

http://www.grin.com/de/e-book/311884/didaktische-modelle-nach-jank-und-meyer-
eine-lernzusammenfassung

Juliane Richter

Didaktische Modelle nach Jank und Meyer. Eine Lernzusammenfassung

GRIN Verlag

GRIN - Your knowledge has value

Der GRIN Verlag publiziert seit 1998 wissenschaftliche Arbeiten von Studenten, Hochschullehrern und anderen Akademikern als eBook und gedrucktes Buch. Die Verlagswebsite www.grin.com ist die ideale Plattform zur Veröffentlichung von Hausarbeiten, Abschlussarbeiten, wissenschaftlichen Aufsätzen, Dissertationen und Fachbüchern.

Besuchen Sie uns im Internet:

http://www.grin.com/

http://www.facebook.com/grincom

http://www.twitter.com/grin_com

Jank und Meyer – Didaktische Modelle

Inhaltsverzeichnis

Erste Lektion – Was ist Didaktik?

1 Gegenstandsbestimmung

1.1 Arbeitsdefinition

- Trivialdefinition von Didaktik in Abgrenzung zur Unterrichtsmethodik:
    - Didaktik beantwortet die Frage nach dem WAS (=Inhaltsfrage)
    - Methodik beantwortet die Frage nach dem WIE (=Vermittlungsfrage)
- Trivialdefinition zu eng gefasst → geht bei der Didaktik auch um andere Fragen:
    - Frage nach WOZU oder WOMIT
    - Geht nicht nur um Inhalte und Methoden, auch um Ziele und beteiligte Personen

Definition: Die Didaktik ist die Theorie und Praxis des Lernens und Lehrens.

- *Didaktik ist*
    - *eine handlungsorientierte Wissenschaft vom Lehren und Lernen*
    - *eine „Berufswissenschaft" für lehrende Berufe*
    - *heterogen hinsichtlich der Theoriebildung und ihres Zwecks*

1.2 Aufgabe und Gegenstand der Didaktik

- Aufgabe der Didaktik: Soll Lehrende und Lernende beim Lehren und Lernen unterstützen
- Zentraler Gegenstand der Didaktik: didaktisches Handeln von Lernenden und Lehrenden
- Handlungen sind
    - alle beobachtbaren Aktionen und Reaktionen in einer Lehr-Lern-Situation
    - „Denkhandlungen", mit denen diese sichtbaren Handlungen vorbereitet, begleitet und ausgewertet werden
- Gegenstand der Didaktik: die neun W-Fragen:

1) Wer soll lernen?
- Antwort: Schülerinnen und Schüler
- Lernen findet nicht erst dann statt, wenn Kinder in die Schule kommen → Lernen = unaufhörlicher Prozess seit der Geburt → lachen, weinen, gehen, sprechen, spielen

2) Was soll gelernt werden?
- Antwort: Lern- bzw. Lerninhalte → Lehrplan- oder Curriculumtheorie
- Unklar bei der Frage nach dem WAS:
- <u>Woher kommen die Inhalte?</u>
    - Mehrzahl der Inhalte stammen aus Berufsausbildung, Bibel, historischen Dokumenten, Reiseberichten, Dichtern und Denkern → Unterricht wird lebensnah und interessant
- <u>Nach welchen Kriterien wird ausgewählt?</u>
    - Verfügbare Lernangebote überschreiten Lernkapazität jedes Einzelnen bei weitem
- <u>Wer trifft die Entscheidungen?</u>
    - Streitpunkt: welche Personen bzw. Institutionen Recht für Inhaltsentscheidungen haben

3) Von wem soll gelernt werden?
- Antwort: Lehrerinnen und Lehrer (auch Eltern, Meister, Pastoren, …)

4) Wann soll gelernt werden?
- Jeder Mensch muss oder kann spätestens vom Tag seiner Geburt an lernen → umstritten, ob es eine „natürliche" Reihenfolge für vielfältigen Lernprozess gibt → erst Lesen, dann Schreiben?!

- Mehrere Dimensionen der Wann-Frage:
  - o Kann <u>entwicklungspsychologisch</u> beantwortet werden
    - ▪ Entwicklungspsychologen: gibt Gesetzmäßigkeiten der geistigen und körperlichen Entwicklung von Menschen, die bei der Planung im Unterricht zu beachten sind
  - o Kann <u>lerntheoretische</u> beantwortet werden:
    - ▪ Brunner: wie nimmt das lernende Kind kognitives Wissen in sich auf und welche Formen der Repräsentation von Wissen und Können entstehen dabei
  - o Kann <u>curricular</u> im Blick auf die Reihenfolge bestimmter Inhalte beantwortet werden:
    - ▪ Gibt nur wenige oder gar keine Gesetzmäßigkeiten, aber ein Angebot vieler verschiedener Möglichkeiten der Sequenzierung der Lerninhalte:
      - • Lernen kann vom Nahen zum Fernen, vom Einfachen zum Komplexen, vom Vertrauten zum Fremden führen
- nicht nur Frage nach Machbarkeit → auch nach ethischen Kode des Lernens und Lehrens

5) Mit Wem soll gelernt werden?
- Antwort: mit Mitschülerinnen und Mitschülern
- Jedoch Frage mit welchem Mitschülern gelernt werden soll?
  - o Leistungshomogene (gleich) oder leistungsheterogene (unterschiedlich) Klassen?
- Frage nach Sozialform: Frontalunterricht, Einzelarbeit, Gruppenarbeit (gibt keine Pauschallösung)

6) Wo soll gelernt werden?
- Antwort: in der Schule → jedoch: Überall dort, wo es etwas zu lernen gibt (komplizierte Antw.)
  - o In Klassen- und Fachräumen
  - o In Lernwerkstätten und auf Lernstationen
  - o Im Praktikum und auf Exkursion
  - o Im Internet und Internat
  - o In der Fremde und zu Hause

  Wichtigster Lernort (neben der Familie) = Institutionen wie die Schule →Wurden zum Zweck geschaffen, das Lehren und Lernen für alle Beteiligten verlässlich und überschaubar zu machen
- Lernen in der Schule = Lernen in der Gemeinschaft, durchgeführt von professionell geschultem Personal mit dem Ziel: die SuS auf ein Leben in der Demokratie vorzubereiten

7) Wie soll gelernt werden?
- Frage nach den Lehr-/Lern- oder Unterrichtsmethoden
- Unterrichtsmethoden sind Formen und Verfahren, mit denen sich Lehrer und SuS die sie umgebene natürliche gesellschaftliche Umwelt aneignen
- Methoden: Lehrervortrag, Auswendiglernen, Abschreiben, Geschichtenerzählen, Projekt-/Freiarbeit, Rollen-/Planspiel, Arbeit in Zukunftswerkstätten

8) Womit soll gelernt werden?
- Frage nach den Lernmedien
- Lernmedien: Computer, Overheadprojektor, Buch, ... → SuS selbst auswählen oder vorsetzen?

9) Wozu soll gelernt werden?
- Wozu-Fragen werden mit Damit-Sätzen beantwortet:
- Bsp.: Die SuS sollen Grundkenntnisse über das parlamentarische System erwerben, damit sie sich später als mündige Staatsbürger an der Politik beteiligen können
  - o Bildungsideal des mündigen Staatsbürger
  - o Implizites Lernziel: SuS sollen Einstellungen und Handlungskompetenzen entwickeln, die erforderlich sind, um sich in die politische Willensbildung einzuschalten

<u>Fazit</u>: neun W-Fragen zu stellen ist einfach, aber sie zu beantworten kompliziert, da sie in sich sehr vielschichtig sind und nur in Abstimmung zu den acht übrigen Fragen zu beantworten sind

2 Disziplinäre Ordnung

2.1 Die Didaktik und ihre Partnerwissenschaften

- Die Didaktik muss in Theorie und Praxis eigenständig sein → das eine bedingt das andere
- in Theoriebildung selbstständig: da die anderen Wissenschaften nicht in der Lage wären, die volle Komplexität der bei der Gestaltung von Unterricht zu lösenden Fragen zu erfassen
- in Praxis eigenständig: da es ein Widerspruch in sich wäre, die SuS zur Selbstständigkeit erziehen zu wollen, aber selbst von fremden Stichwortgebern und Kontrolleuren gesteuert zu werden
1) Didaktik ist eine Teildisziplin der Erziehungswissenschaft
2) Didaktik hat Reihe eigener Teildisziplinen entwickelt → in Allgemein- & Fachdidaktik differenziert
3) Didaktik kann komplexen Aufgaben nicht allein erfüllen → benötigt Partnerwissenschaften
   o Um die Fachinhalte aufzubereiten, die den SuS vermittelt werden sollen (Fachwissenschaftliche Bezugsdisziplin)
   o Um Grundlagenprobleme des Lehrens und Lernen zu bearbeiten (grundlagenbezogene Bezugsdisziplin, zB. Philosophie, Psychologie, Soziologie,...)

2.2 Allgemein-, Fach- und Spezialdidaktik

Definition: Allgemeindidaktiken sind Wissenschaften, die theoretisch umfassend und praktisch folgenreich die Voraussetzungen, Möglichkeiten, Folgen und Grenzen des Lehrens und Lernens erforschen und strukturieren.

- Unterricht allgemein und nicht nur bestimmte Fächer/ Fächergruppen zum Gegenstand haben

Definition: Fachdidaktiken sind Spezialwissenschaften, die theoretisch umfassend und praktisch folgenreich die Voraussetzungen, Möglichkeiten, Folgen und Grenzen des Lehrens und Lernens in einem schulischen oder außerschulischen Lernfeld erforschen und strukturieren.

- Sind die größte Gruppe der Spezialdidaktiken
- Fachdidaktik: Jedes Schulfach hat fachwissenschaftliche Leitdisziplin → Deutsch = Germanistik
- Fachdidaktiken sind im Kern erziehungswissenschaftliche Disziplinen

2.3 Allgemeindidaktische Modelle

Definition: Ein allgemeindidaktisches Modell...
1) **ist ein erziehungswissenschaftliches Theoriegebäude zur Analyse und Modellierung didaktischen Handelns in schulischen und nichtschulischen Handlungszusammenhängen.**
2) **stellt den Anspruch, theoretisch umfassend und praktisch folgenreich die Voraussetzungen, Möglichkeiten, folgen und Grenzen des Lehrens und Lernens aufzuklären.**
3) **Wird in seinem Theoriekern in der Regeln einer wissenschaftstheoretischen Position zugeordnet.**

- Funktionen allgemeindidaktischer Modellen:
1) Dienen der Herstellung von Übersicht und Ordnung → liefern Begriffe, Kategorien und Fragen
2) Dienen der *Verringerung von Komplexität*
3) Haben richtungsweisende Funktion für pädagogische Forschung → Helfen, interessante Fragestellungen für die Unterrichtsforschung und –entwicklung zu formulieren
4) Dienen der Handlungsorientierung → helfen bei Analyse, Planung und Auswertung von Unterricht

- Gibt nicht DIE EINE für alle Menschen, Schulformen und Fächer gültige Allgemeine Didaktik

Zweite Lektion – Grundbegriffe und Grundrelationen

1 Grundbegriffe

1.1 Schüler und Lehrer

Definition: SuS sind Menschen, die sich beim Lernen von Lehrerinnen und Lehrern helfen lassen.

- Schule wird geschätzt, da sie Gleichaltrige zusammenführt und so soziale Kontakte ermöglicht
- Lehren nichts anderes als etwas Gelerntes wieder in Lernen zu verwandeln

Definition: Lehrerinnen und Lehrer sind Menschen, die SuS beim Lernen helfen.

- Lehrer müssen ihren Unterricht vor- und nachbereiten
- Lehrer kommen nicht umhin, während des Unterrichts immer auch zu erziehen
- Lehrer müssen den Leistungsstand der SuS beurteilen und zensieren
- Lehrer müssen sich darum kümmern, dass das soziale Miteinander in der Klasse funktioniert
- Lehrer müssen SuS und ihre Eltern informieren und beraten
- Lehrer haben vielfältige Organisationsaufgaben
- Lehrer sollen außerunterrichtliche Aktivitäten entwickeln, das Schulleben gestalten und Schule weiterentwickeln
- Aufgaben vom Lehrer: Vorbild, Fachmann, Zensor, Tröster, Spezialisten, Berater, Schulpädagogen,…

1.2 Unterrichten und Erziehen

Definition: Unterricht ist die planmäßige Interaktion von Lehrenden und Lernenden zum Aufbau von Sach-, Sozial- und Selbstkompetenz im institutionellen Kontext der Schule.

- Unterrichten ist Hauptaufgaben von Lehrern → wichtigste Form der Institutionalisierung des Lehrens und Lernens
- Unterricht ist Interaktionsprozess von Lehrern und SuS
- Unterricht ist institutionell eingebettet und auf Dauer angelegt
- Unterricht verläuft zielorientiert und planmäßig (wenn's gut geht)
- Unterricht hat eine curriculare und soziale Ordnung
- Unterricht dient der Unterrichtung und Erziehung & Vermittlung von Sozial- & Selbstkompetenz
- Unterricht erfordert pädagogisch gestaltete Umgebung (zB. Klassenraum und Schule)
- Unterricht wird von wissenschaftlich qualifiziertem Personal durchgeführt
- Unterricht steht unter Aufsicht des Staates (soweit es sich um schulpflichtige SuS handelt)
- Grundlage der Unterrichtsplanung sind Lehrpläne, Richtlinien oder Curricular
  - Lehrpläne und Richtlinien stellen Anspruch, einen begründeten Zusammenhang von Ziel-, Inhalts- und Methodenentscheidungen zu liefern
  - Curricular stellen Anspruch auf wissenschaftlicher Grundlage nicht nur einen Begründungszusammenhang, sondern auch Instrumente für Realisierung von Ziel-, Inhalts- und Methodenvorgaben zu liefern
- Erscheinungsformen von Unterricht: Klassenunterricht, Projektarbeit, Freiarbeit, Stationenlernen, Einzelunterricht, Exkursion, Klassenfahrten, Wochenplan, …
- Lassen sich auf drei Grundformen des Unterrichts zurückführen:
  - Lehrgangsförmiger Unterricht: frontale Lehr- Lern-Situationen
  - Stark individualisierte Freiarbeit: Wochenplanarbeit, Werkstatt-, Stationenlernen, Facharbeit
  - Regelmäßig praktizierte Projektarbeit: Projektwoche, AG-Arbeit, Praktika, Exkursion

- Jede Grundform hat ihre spezifischen Stärken du ihre schwachen Seiten
    o Lehrgangsförmiger Unterricht: geeignet für Sach-, Sinn- und Problemzusammenhänge aus Sicht des Lehrenden darzustellen und dadurch Sach- und Fachwissen zu vermitteln
    o Freiarbeit: selbst organisiertes Lernen; geeignet um individuelle Schwerpunkte zu setzen; hilft Methodenkompetenzen aufzubauen; gut fürs Üben und Festigen, Wiederholen und Kontrollieren von Gelerntem → weniger geeignet um bestimmte Wissenspensen zügig an alla SuS einer Klasse zu vermitteln
    o Projektarbeit: erlaubt solidarisches Handeln und bietet Erfahrungen mit Teamarbeit; hilft Handlungskompetenzen aufzubauen; kann Selbstwertgefühl stärken; kann aufs Berufsleben vorbereiten → weniger geeignet neu erworbenes Wissen und Fähigkeiten zu üben/festigen
- Jede Grundform legt anderen Lehrerrolle nahe:
    o Traditionelle Rolle der Lehrenden (im Lehrgang): stehen häufig vor der Klasse, führen in neue Themengebiete, überprüfen und festigen das Wissen der SuS
    o Mentor (in Freiarbeit): L verantwortlich für pädagogisch gestaltete Umgebung → bleibt im Hintergrund; ist zur Stelle, wenn Selbstorganisation des Lernenden zusammenbricht oder gar nicht erst in Gang kommt → hilft bei Lernplanung und Leistungskontrolle
    o Moderator (in Projektarbeit): L hilft bei der Planung und bei der Herstellung von Außenkontakten; warnt vor überzogenen Hoffnungen und sorgt für Leistungskontrolle
- Im Unterricht wird selbst dann erzogen, wenn sich L ausdrücklich vornimmt, nicht zu erziehen

Definition: Erziehung ist die Einwirkung von Erziehern auf die heranwachsende Generation zum Zwecke der Persönlichkeitsbildung.

- Erziehung ohne ein Ideal, auf das hin erzogen wird, ist nicht möglich
- Nicht jeder Erziehungsversuch muss sein gesetztes Ziel erreichen

1.3 Lernen und Lehren

Definition: Lernen ist die Veränderung der Reflexions- und Handlungskompetenz durch die selbst organisierte Verarbeitung äußerer Anregungen und innerer Impulse.

- Lernen selbst ist ein bewusstloser und schmerzloser Prozess
- Menschen sein so konstruiert, dass sie mit, gegen und auch ohne Lehrer lernen können
- Lernen ist weit mehr als die Reaktion des Gehirns und des Körpers auf das Lehren
- Schülerselbsttätigkeit ist der Generalschlüssel zum Unterrichtserfolg

Definition: Lehren ist die methodisch geordnete Vermittlung eines Lehrinhalts an den Lernenden in einer pädagogisch vorbereiteten Umgebung.

- Lehren ist eine aktive und zielorientierte Tätigkeit
- Lernen ist seiner Struktur nach revolutionär: es erlaubt den SuS, das Lernen zu erlernen und sich dadurch vor der Vormundschaft der L zu befreien → SuS viel Spielraum und Eigentätigkeit bieten
- Lehren ist seiner Struktur nach konservativ: es dient der Bewahrung des kulturellen, politischen und ökonomischen Besitzstandes der Gesellschaft → legt Führung und Kontrolle der SuS nahe
- Widerspruch zw. Lernen und Lehren: L zwingt SuS etwas zu tun, was diese (allein gelassen) nicht oder zumindest deutlich anders getan hätten → Hoffnung der Selbstständigkeitsentwicklung

1.4 Ziele, Inhalte und Methoden
- Sind Grundkategorien zur Reflexion und Gestaltung des Unterrichts

Definition: Ein Ziel ist die Beschreibung des gewünschten Ergebnisses eines Lehr-Lern-Prozesses.

- Ziele sind Vorstellungen über das, was jemand anstrebt oder was mit jemandem passieren soll
- Ziel ≠ Ergebnis
    - → Zielbeschreibungen = präspektiv (vorbeschreibend)
    - → Ergebnisfeststellungen sind deskriptiv (beschreibend) und wertneutral
- Begriff Ziel differenzieren:
    - o <u>Lernziel</u>: Ziel von Lehrenden bzw. ihren Ratgebern und Vorgesetzten formuliert
    - o <u>Handlungsziel</u>: SuS bzw. andere Lernende setzen sich selbst Ziele, die ihr Handeln im U leiten
    - o <u>Unterrichtsziel/ Lehr-Lern-Ziel</u>: wenn Lernziel und Handlungsziel gemeint ist

Definition: Unterrichtsinhalte sind die am Unterrichtsgegenstand gewonnen, von Lehrern und SuS gemeinsam erzeugten Sinngebungen.

- Inhalte werden als Stoff aus Lehrplänen und Schulbüchern betrachtet
- Differenzierung
    - o <u>Thema</u>: was Lehrer oder SuS für Stunde vorgenommen haben
        - Von Richtlinien (Schulbuch und Lehrer oder SuS) vorgegeben
        - Blick auf Zielstellung der Stunde
    - o <u>Inhalt</u>: was tatsächlich zum Inhalt einer Stunde geworden ist
        - Durch methodisches Handeln des Lehrers und der SuS erarbeitet
        - Blick auf Unterrichtsprozess

Definition: Unterrichtsmethoden sind die Formen und Verfahren mit denen Lehrende und Lernende die sie umgebende natürliche und gesellschaftliche Wirklichkeit im Unterricht vermitteln und sich aneignen.

- Wer methodisch zu denken und zu handeln gelernt hat, kann danach selbst entscheiden, WAS er lernen will und kann allein oder mit Gleichgesinnten regeln, WIE er dies tut

2 Die Wechselwirkung von Zielen, Inhalten und Methoden

- Es gibt keine Ziele an sich, sondern immer nur in Bezug auf bestimmte Inhalte und Methoden
- Es gibt keine Inhalte an sich, sondern immer nur im Blick auf die Ziele, die mit ihrer Hilfe erreicht und auf die Methoden, mit denen sie im Unterrichtsprozess erschaffen werden sollen
- Es gibt keine Methoden an sich, sondern immer nur eingewickelt in bestimmte Aufgaben, die der Lehrer und die SuS lösen wollen oder sollen

Ziele-Inhalte-Methoden-Relation: Wechselwirkungsprozess:

1. <u>Ziele, Inhalte und Methoden müssen in sich stimmig sein:</u> innere Zielgerichtetheit
    1.1. Auf Ebene der Ziele: vernünftige Reihenfolge und SuS-Voraussetzungen angepasst
    1.2. Auf Ebene der Inhalte: sachlich korrekt und angemessen erfasst und strukturiert

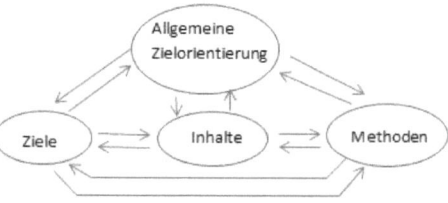

    1.3. Auf Eben der Methoden: Formen und Verfahren plausibel ausgewählt und strukturiert
        ➤ Wer Grundrechenart Multiplikation einführen will, muss vorher klären, ob SuS erforderliches Abstraktionsvermögen besitzen/ ob Zehnerübergang beherrscht wird ...

2. <u>Ziele, Inhalte und Methoden stehen in Wechselwirkung zueinander</u>: nicht beliebig kombiniert, sollen zueinander passen:

   2.1. Geschick des Lehrers besteht in Auswahl von richtiger Methode für bestimmten Inhalt und im Hinblick auf ein bestimmtes Ziel

   2.2. Inhalt nicht statisch betrachten, sondern Potenziale, die in einer geschickt gewählten methodischen Herangehensweise an den Inhalt stecken, voll zu nutzen

   2.3. Ziele durch kluge Inhalts- und Methodenentscheidungen für die SuS interessant/erreichbar

   2.4. Wer mit SuS Planspiel macht → Planspiel zielt auf Sieg und Niederlage → gut geeignet für Ziele wie strategisches Handeln, Zusammenarbeit im Team, Modellbildung,... → nicht geeignet für Teilen von Gefühlen und Macht oder Hineinfühlen in Wünsche von anderen

3. <u>Die Stimmigkeit der Wechselwirkungen zwischen Zielen, Inhalten und Methoden ermöglicht eine allgemeine Zielorientierung didaktischen Handelns:</u>

   1.1. Stimmigkeit durch gute Planung und methodisches Geschick des Lehrers und die Mitbereitschaft der SuS eingelöst (kann aber auch verfehlt werden)

   1.2. SuS machen sich die vom Lehrer formulierten Lernziele zu ihren eigenen

   1.3. SuS erleben den erzielten Kompetenzzuwachs selbst und haben das Gefühl, auch für die Zukunft wichtige Kenntnisse und Kompetenzen erworben zu haben

   1.4. Das Anspruchsniveau der Stunde stimmt → weder Unter- noch Überforderung

   1.5. Durch Maßnahmen der inneren Differenzierung werden leistungsstärkere und leistungsschwächere SuS gefordert

   1.6. Die Stunde zeichnet sich durch ein gutes Timing aus → kein Abbruch

   1.1. wird Stimmigkeit erreicht, hat L das Gefühl, die Stunde sei „rund" gelaufen → SuS finden die Stunde „cool" oder interessant

   1.7. Unstimmigkeit macht sich auch in der Stimmung erkennbar →bei Nichterreichen der Ziele ist Lehrer unzufrieden und SuS lustlos oder aggressiv, da sie das Thema nicht verstehen

- **Ebenenmodell didaktischer Reflexion:** Unterscheidung verschiedener Ebenen didaktischen Handelns und Reflektierens

Ebene didaktischen Handelns und Reflektierens	Art der Wechselwirkung	Kommentar
Planungseben	**Explikationszusammenhang:** Bei der Unterrichtsvorbereitung sind die Entscheidungen über Ziele, Inhalte, Methoden und Medien zu treffen. Änderungen in einem der Momente bewirken Folgen in den anderen und sind nicht beliebig.	Weil es Wechselwirkungen zw. den Zielen, Inhalten und Methoden gibt, muss bei der Planung eine allgemeine Zielorientierung aller den Unterricht bedingten Faktoren hergestellt werden.
Analyseebene	**Implikationszusammenhang:** Im Nachhinein lässt sich erklären, wie und warum der Unterrichtsprozess so und nicht anders ablief. Es gibt keine Ziel-Inhalt-Methoden-Hierarchie → Gleichwertigkeit	Die Wechselwirkungsthese macht bewusst, dass Unterrichtsabläufe und -ergebnisse nie monokausal erklärt werden können, sondern nur aus dem Zusammenwirken vieler Faktoren.
Prozessebene = realer Unterrichtsverlauf → Durchführung oder Realisierung des Unterrichts	**Konstitutionszusammenhang:** Im Unterrichtsprozess bringen der Lehrer und die SuS durch ihr gemeinsames (oder gegenläufiges) Handeln die Wechselwirkungsprozesse hervor. Dabei wird die ursprüngliche Planung modifiziert.	Die Wechselwirkungsthese besagt, dass im Unterrichtsprozess alles mit allem zusammenhängt: -die Lehrabsichten des Lehrers und sein tatsächliches Verhalten -die Handlungsmotive der SuS und ihre vorhergesehenen und die nicht erwarteten Aktionen

Vierte Lektion – Grundfragen der Didaktik

1 drei Aufgaben der Didaktik: Analyse, Planung und Inszenierung von U

- Didaktik als Theorie soll Aufgaben erfüllen, feststellen, wie Unterricht beschaffen ist und soll Entwürfe für die Verbesserung von Lehr-Lern-Situationen liefern
- Didaktik als Praxis hilft die gewonnenen Einsichten in Unterrichtspraxis umzusetzen
- → Didaktik dient der Inszenierung des Lernens und Lehrens
- Nachdenken über den Prozess: Vorher = Planung; Nachher = Analyse
- **Ebenenmodell didaktischer Reflexion** (Erweiterung des Modells davor um Metaebene)

3.	**Metaebene**
	Systematische Reflexion der Theorie und Praxis didaktischen Handelns
	Systematische Reflexion der Bedingungen und Konsequenzen der Analyse und Planung von Lehr-Lern-Prozessen (Kritik)
2.	**Analyse- und Planungsphase**
	Analyse von Unterrichtsprozessen und Rahmenbedingungen (Deskription) → ins Detail gehen
	Planung von Unterrichtsprozessen und Rahmenbedingungen (Präskription) → konstruktiv werden
1.	**Prozessebene**
	Konkreter Vollzug von Unterricht im gemeinsamen Handeln von Lehrern und Schülern in der Unterrichtspraxis

- Bei allen drei Aufgaben: Zusammenhang zwischen dem herzustellen, was ist und was sein soll

1.1 Didaktik als Erforschung der Unterrichtswirklichkeit

- Aufgabenbereich: Analyse, Beobachtung, Deskription, Empirie, Tatsachenforschung, …
- Unterschiedliche Arten von Analysen:
  - Intuitive Interpretation
  - Erfahrungsgestützte, nicht wissenschaftliche Beurteilung
  - Streng kontrollierte wissenschaftliche Analysen

1) Das allmähliche Verschwinden der Wirklichkeit

- Um Einzelbeobachtungen miteinander vergleichen zu können, muss abstrahiert werden:
  - Beobachteter Unterricht wird schriftlich im Protokoll festgehalten → 1. Abstraktion
  - Beobachtungen werden sortiert, komprimiert und Variablen zugeordnet → 2. Abstraktion
  - Summe der Zuordnungen werden schriftlich zusammengefasst → 3. Abstraktion

2) Komplexitätsreduktion

- Kein Forscher kann forschen, ohne rabiate Komplexitätsreduktion
- Nach Formulierung der Forschungsfrage werden mehrere Variablen festgelegt, die untersucht werden
  → Variablen, die wichtig sind, können dabei unter den Tisch fallen aus Zeit-, Geld- oder Methodengründe oder wegen ethnischen Gründen (zB. die Geschlechterspezifität von Lernerfolg)
- Soll vor einer Überinterpretation von Forschungsergebnissen warnen → Forschung aber ≠ sinnlos

3) Faktorenkomplexion

1) <u>Ereignisvielfalt</u>

- Unterricht = bevölkerter Lernort, an dem viele Individuen mit unterschiedlichen Verhaltensweisen, Bedürfnissen und Interessen interagieren → Vielfältig sind die Ereignisse und zu lösenden Aufgaben
- Fast jedes Ereignis löst neue Ereignisse aus

2) <u>Gleichzeitigkeit</u>

- Der Lehrer muss vieles gleichzeitig im Auge haben (Uhrzeit, Stoff durchkommen, eventuelle Störungen vorhersehen und beseitigen, …) → kann sich nicht voll und ganz in eine Sache vertiefen
- Muss trotzdem positive Arbeitsatmosphäre schaffen und Leistungsansprüche artikulieren

3) Unmittelbarkeit
- Lehrer muss schnell agieren und reagieren können → jedes Ergebnis muss in Klasse sofort registriert, bewertet und beantwortet werden
4) Nichtvorhersagbarkeit
- Unterrichtsstunde läuft nicht (immer) so ab, wie sie geplant wurde→ Improvisieren?!
5) Öffentlichkeit
- Alles was der Lehrer sagt/ tut/ unterlässt wird von Klasse wahrgenommen und bewertet
6) Geschichtlichkeit und Entwicklungsbezogenheit
- Es entstehen in der Klasse gemeinsame Rituale und Routinen, Feind- und Freundschaften, Vorurteile und tiefe Einsichten → Lehrer muss Entwicklung der Klassengemeinschaft fördern, aber auch auf Entwicklungspotentiale jedes Einzelnen eingehen

4) Die Differenz von Beschreibung und Erklärung
- Wurde beschrieben, dass es Merkmale guten Unterrichts gibt, jedoch nicht warum
- Die Beobachtung eines Phänomens sagt noch nichts darüber aus, warum es zustande gekommen ist
- Erklärungswissen wäre für L, der U verbessern will, besonders interessant
- Erklärungswissen lässt sich in Prognosen umwandeln

5) Die Abhängigkeit der Ergebnisse von der Brille der Wissenschaftler
- Forscher bringt in den Forschungsprozess ein bestimmtes Welt-, Gesellschafts- und Menschenbild
- Forscher hat bspw. Vorstellungen von gutem/ schlechtem U → Vor-Einstellung und Vor-Urteile

1.2 Didaktik als Entwurf einer (besseren?) Unterrichtswirklichkeit
- 2. Aufgabenbereich: Planung, Strukturierung, Modellierung, Konzept, Skizze, Programm
- Es gibt keine wertneutralen didaktischen Entwürfe und keine wertfreie Praxis
- → immer für oder gegen Interessen der SuS oder Kollegen, für oder gegen Richtlinien entschieden
- Empirisches Wissen beeinflussen diese Entscheidungen → kann sie nicht ersetzen

1.3 Didaktik als Inszenierung von Praxis
- Dritte Aufgabe der Didaktik: Verwirklichung didaktischer Entwürfe im Schulalltag

Definition: Eine Inszenierung ist die Umsetzung eines Handlungsplanes in eine Handlung bzw. eine Abfolge von Handlungen.

- Die im Unterricht durch das Handeln des Lehrers und der SuS inszenierte Wirklichkeit symbolisiert die Wirklichkeit außerhalb des Unterrichts
  o realer politischer Konflikt (zB. Tarifkonflikt) wird nicht leibhaftig ins Klassenzimmer getragen, sondern in Form von Inszenierung (Textanalyse, Streitgespräch, Rollenspiel,...) und den dafür notwendigen Dokumenten (Augenzeugenberichten, Flugblätter, ...)
- In der Schule wird mit bestimmten Symbolisierungsformen gearbeitet:
  o Im Bsp. Tarifkonflikt: Verbal- und Schriftsprache, die Aktion im Rollenspiel und das Bild
- Jeder der Symbolisierungsformen ist eine Sprache
  o In der Schule am häufigsten verwendet: Verbal- und Schriftsprache und Zahlensysteme
  o Weitere wichtige Symbolisierungsformen: alternative Formen wie Bild, Musik, Bewegung im Raum (zB. Tanz) und Aktion (zB. Rollenspiel)
- Nicht alles, was an schulischen Inszenierungen abläuft, stellt die Umsetzung eines bewusst erarbeiteten didaktischen Entwurfs dar

Definition: Inszenierungsmuster sind „eingeschliffene" Bilder zur Gestaltung und Deutung von Lehr-Lern-Situationen.

- Inszenierungsmuster:
  - <u>Schule als Museum</u>: Unterricht dient als Kultivierung der Sinne; ob das Wissen nützlich ist oder nicht, spielt kaum eine Rolle
  - <u>Modell Faktenschleuder</u>: Frontalunterricht → Lehrer redet viel → für die SuS gibt es nur die Maxime „Friss oder stirb!"
  - <u>Modell Lern-Werkstatt</u>: Lehrer und SuS produzieren, experimentieren, vergleichen, organisieren → bauen Modelle, Theorien und Hypothesen → hantieren in Sprach-,Bilder- und Symbolwerkstätten → auch dem Lehrer nicht immer klar, wozu das alles gut sein soll
  - <u>Expedition ins Ungewisse</u>: Lehrer und SuS lassen sich auf „das Risiko des Lernens" ein → Unbekanntes, Ungebärdiges und Sperriges ist besonders interessant → Versucht und Irrtum, Verfremdung von Liebgewonnenen, Spurensicherung und Selbsttätigkeit der SuS sind wichtig → Lernirrwege werden begrünst und Lernumwege führen zum Erfolg
  - <u>Lust-und-Laune-Schule</u>: jeder kann tun und lassen, was er will → Stereotype: „Was fühlst du dabei?" „Wie geht es dir?" → Lehrer und SuS wuseln herum und sind am Ende glücklich → jedoch gibt es auf Frage nach dem Bildungswert keine klare Antwort
  - <u>Gefängnis-Schule</u>: Lernen kann prinzipiell keinen Spaß machen → SuS reagieren mit Widerstand und Fluchtfantasien → Lehrer haben überzogene Kontrollfantasien
- Gäbe es keine eingeschliffenen Inszenierungsmuster, wäre die Unberechenbarkeit der unendlichen Fülle möglicher Verhaltensweisen von Lehrern und SuS so groß, dass die Organisationsstruktur der Schule zusammenbräche
- → Inszenierungsmuster dienen auch der Reduzierung von Komplexität
- → einerseits steuern sie das eigene Handeln, andererseits helfen sie, das Handeln anderer zu deuten

2 Das Normproblem in der Didaktik
2.1 „Aufklärung" und „Mündigkeit" als übergeordnete Norm
- Menschen im Zustand der Unmündigkeit →orientierte Änderung durch Erziehung
- Maßstab für Mündigkeit in der Eigenstruktur der Erziehung
- Ziel der Erziehung durch den Erzogenen bestimmt → Erlerntes selbstständig, in eigener Verantwortung, unter Berücksichtigung nicht vorhersehbarer Situationen verwalten, interpretieren und verteidigen
- Argumente von Herwig Blankertz:
  - Unterricht und Erziehung streben Mündigkeit und Selbstständigkeit der Lernenden an
  - Schule und Unterricht ohne verbindliches normatives Fundament nicht funktionsfähig
- Schule als Ort der Aufklärung und Wahrheitssuche
- Lehrer und SuS gleiche Rechte → Handeln argumentativ begründen
- Stärkung der Eigenständigkeit der Schule gegenüber dem Staat
- Vorbereitung der heranwachsenden Generation auf die Meisterung der Zukunft
- SuS-generation lebenslang weiterlernen → Fort- und Weiterbildungseinrichtungen immer wichtiger
- Schule hat eigenen Stärke und Würde → Schule als Lern und-Lebensort
- Formulierung eigener Maßstäbe, Setzen von Grenzen, Schutz für SuS

2.2 Gütekriterien des Unterrichts
- Acht Gütekriterien für Unterricht:
1) Unterricht, in dem Aufgabenstellung Lehrern UND SuS klar ist, der klar gegliedert ist und dem die Rollendefinitionen in jedem Unterrichtsschritt klar sind, führt zu dauerhaft besseren Lernergebnissen
2) Oft ist reine Lernzeit im Unterricht knapp, weil es Unterrichtsstörungen gibt, weil Lehrer oder SuS schlecht vorbereitet sind, weil zu viel Organisationkram in die Stunde hineingetragen wird, …
3) Fachliche Korrektheit

4) Klar formulierte und kontrollierende Leistungserwartungen führen zu dauerhaft besseren Erfolgen
5) Lehrer, deren SuS unaufmerksam sind, führen dies auf fehlende Lernvoraussetzungen und das soziale Umfeld der SuS zurück → Lehrer, deren SuS aufmerksam sind, führen das auf ihr didaktisches Geschick
6) Positive Atmosphäre befördert das Lernen
7) Benötigen neue Medienkultur, in der Vielfalt nicht nach dem Gießkannenprinzip, sondern mit dem Ziel hergestellt wird, die SuS zu mehr Methodenbeherrschung zu führen
8) Regelmäßiges SuS-Feedback
9) Doppelkriterium der Stimmigkeit und Folgerichtigkeit der didaktischen Entscheidungen
10) Übergeordnetes Prinzip der Anbahnung von Mündigkeit

1. klare **Strukturierung** des Unterrichtsablaufs	2. hoher Grad „echter" **Lernzeit** der SuS	3. **fachliche Korrektheit**	4. klar formulierte und kontrollierte **Leistungserwartungen**
5. erfolgreiche Steuerung der **SuS-Aufmerksamkeit**	6. lernfreundliche **Lernatmosphäre**	7. **Methodenvielfalt**	8. regelmäßiges und folgenreiches **SuS-Feedback**

3 Drei-Ebenen-Modell der Reflexion didaktischen Handelns

- Unterschiedliche Formen didaktischer Reflexion:
  o Grübeleien im Lerntagebuch
  o Dialoge im Lehrerzimmer
  o Reflexionen im Praktikumsbericht
  o Implizites didaktisches Wissen in Schulbüchern und Lehrplänen
  o Explizite Zusammenfassung in Handbüchern und Lexika
  o Examensarbeiten, Forschungsberichte

Drei-Ebenen-Modell
- Aufbau:
  o Von Nähe oder Ferne des Reflektierenden zu den handelnden Subjekten im Unterricht
  o Drei Ebenen nochmals in zwei Stufen unterteilt
  o Unterscheidung der drei Ebenen keine wertende Hierarchisierung
  o Jede Ebene für sich ist eigenständig und unverzichtbar
- 1. Reflexionsebene
  o Erfasst das im realen Unterrichtsprozess vorhandenes Praxis- und Erfahrungswissen der didaktisch handelnden (von L und SuS)
  o ganzheitlich-normativ und handlungsleitendes Wissen
  o „Unterrichtsbilder" der Lehrenden und Lernenden als zentraler Bestandteil des Wissens
  o 1. Stufe
    ▪ Keine klare Unterscheidung zw. Wissen und Handeln → Handelnden sind sich oft nicht bewusst, woher Entscheidungsgrundlagen kommen
  o 2. Stufe
    ▪ Gute und schlechte Erfahrungen werden verbalisiert (manchmal verschriftlicht)
    ▪ → Weitergabe als Betriebs- und Praktikerwissen (in Form von Belehrungen, Coaching oder in Form von Unterrichtsrezepten)
    ▪ Unterrichtsrezepte: eindeutig gemeinte Handlungsanweisungen in Form von Wenn-dann-Sätzen
  o Auf ersten beiden Stufen herrscht die Logik des Erfolgs

- 2. Reflexionsebene
    - o Erfasst wissenschaftlich mehr oder weniger gründlich durchdachte Handlungsentwürfe
    - o → Montessori-, die Freinet- und die Waldorfpädagogik
    - o Normativ → beschreiben, wie guter U aus der Sicht der Verfasser gestaltet werden sollte
    - o Frontlinien gegen pädagogische Innovationen: Fachunterricht gegen Projektarbeit, offener Unterricht gegen lehrerzentrierten Frontalunterricht usw.
    - o 3. Und 4. Stufe:
        - ▪ Logik der Konkurrenz
        - ▪ Es wird nie die „eine" Didaktik geben
- 3. Reflexionsebene
    - o Geht um systematische Rekonstruktion der Aufgaben und des Gegenstands der Didaktik
    - o Schließt historische Verortung, Fragen der Begriffsbildung, Definition regulativer Ideen, Entwicklung von Ordnungsschemata und Gütekriterien und Vernetzung der Didaktiktheorien mit übergreifenden Rahmentheorien ein
    - o Vom Handlungseindruck entlastet, aber nicht zwecklos
    - o Steht ebenfalls im Anspruch der Mündigkeit
    - o Logik des Diskurses

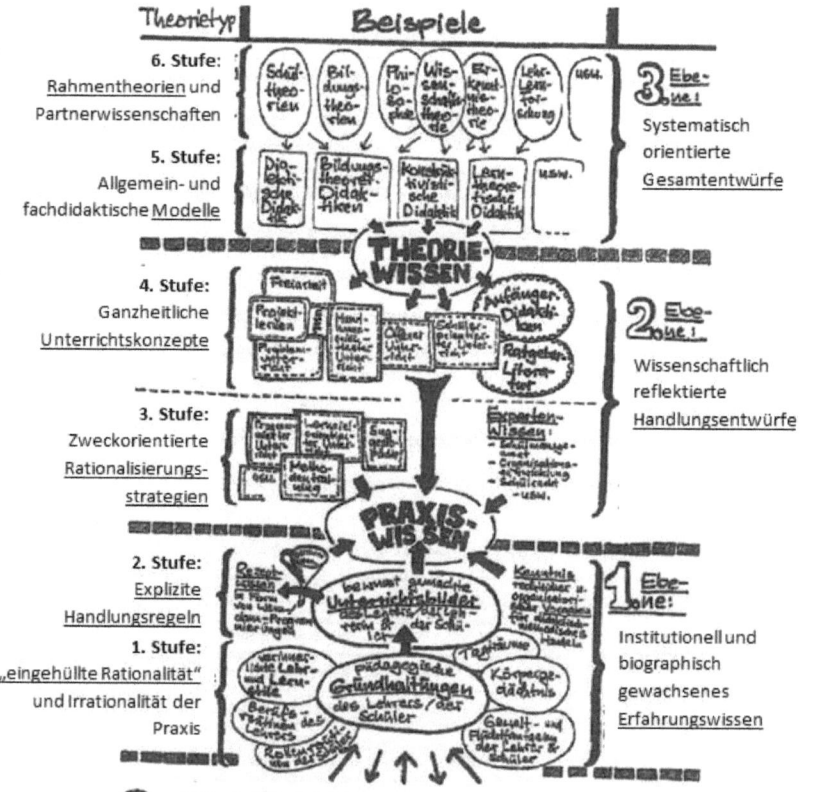

- Gütekriterien der ersten Reflexionsebene:
  o Integrierbarkeit in das eigene Konzept
  o Emotionale und ethische Akzeptierbarkeit
  o Nützlichkeit und Brauchbarkeit
  o Hilfestellung im Überlebenskampf

4 Wissenschaftstheoretische Landkarte

- Methode des Verstehens = Hermeneutik
- Hermeneutische Grundpositionen:
  o <u>Hermeneutik als Auslegung von akademischen Texten</u> → angemessene Interpretieren, Vermittlung des interpretierten Sinns an die Betroffenen
  o <u>Hermeneutik als Verstehensgrundlage sprachlicher Äußerungen</u>
  o <u>Hermeneutik des Lebens</u> → grundlegende Dimension des Sinnverstehens
  o <u>Hermeneutik des Seins</u>
    ▪ Aufdeckung des Sinnes des Seins und der Grundstrukturen des Daseins
    ▪ Wesensbestimmung endlichen Daseins überhaupt
  o <u>Objektive Hermeneutik</u>
    ▪ umfangreiches Kategorien- und Methodensystem zur Deutung von Texten
    ▪ Suche nach Erkenntnis und Wahrheit
- Hermeneutisches Schließen
  o Hermeneut geht mit bestimmten Vorverständnis an Deutung eines Textes heran → dieses muss er bewusst machen und kritisch reflektieren
  o Hermeneut zerlegt Text in Sinneinheiten
  o Jede Sinneinheit wird für sich auf Grundlage vorher definierter /im Deutungsprozess neu festgelegter Interpretationsregeln gedeutet
  o Einzeldeutungen werden zu einem Ganzen zusammengeführt → Zusammenhänge / Brüche im Text können erkennbar werden
  o Vorverständnis des Hermaneuten ändert sich dadurch
  o Veränderung der Deutungsperspektive legt nahe, erneute Interpretation des Textes und aller seiner Teile vorzunehmen → Bild rundet sich/ Brüche werden deutlicher
  o Durch bewusst herbeigeführten nochmaligen Wechsel der Deutungsperspektive können zusätzliche Lesearten entstehen → erneute Veränderung des Vorwissens
  o Abschließende Deutung des Textes wird präsentiert um im Blick auf definierte Interpretationsregeln erläutert
- Acht Maxime geisteswissenschaftlicher Didaktik
  1) Ausgangspunkt der Theoriebildung = Erziehungswirklichkeit
  2) Begriffsbildung der Didaktik erfolgt mit „einheimischen Begriffen"
  3) Erziehungswirklichkeit ist als historisch gewachsen und historisch bedingt zu betrachten
  4) Erziehungswirklichkeit lässt sich nicht auf einige wenige Faktoren reduzieren → ist nur als komplexes Geschehen angemessen zu erfassen → Rezepte zur Bewältigung ablehnen
  5) Wichtigste Forschungsmethode geisteswissenschaftlicher Pädagogik ist Hermeneutik
  6) Didaktik muss sich Prinzipien wissenschaftlicher Kritik verpflichten
  7) Ziel- und Inhaltsfragen der Didaktik sind Methodenfragen übergeordnet
  8) Fachdidaktiken sind eigenständige Wissenschaften → fachdidaktische Entscheidungen können weder aus allgemeiner Didaktik/ Fachwissenschaften abgeleitet werden

Fünfte Lektion – Theorieaneignung mit Kopf, Herz, Händen und allen Sinnen

1 Theoriewissen, Praxiswissen und die Steuerung unterrichtspraktischen Handelns

1.1 Theorie und Praxis

Definition: Eine Theorie ist ein empirisch gehaltvoller Entwurf von Wirklichkeit, den sich Menschen ausgedacht haben, um die Welt zu deuten, um empirischen Gesetzmäßigkeiten nachzuspüren und um neue Handlungsperspektiven zu entwickeln.

- Theorie = Schau/ Wahrheitsschau
- Reflexion des Unterrichts → schaut „Theater" seiner eigener Praxis an
- Rollenkonfusion des Lehrers:
    o Zuschauer und Beobachter
    o Steht auf der Bühne und Spielt seine Rolle
    o Steht hinter der Bühne und zieht Strippen
- Wechsel von Standort und Perspektive → trägt Verantwortung
- Gefangener eigner Erfahrungen und Gefühle
- Reflexion seiner eigenen Praxis und herankommen lassen relevanten Wissens
- Aktions-Reflexions-Spirale: Aktion → Reflexion → Aktion → Reflexion → Aktion →…
- → „Reflektierender Praktiker"

Definition: Praxis ist menschliche Aufgabenbewältigung durch Denken, Fühlen und Handeln. Sie kann reproduzieren oder schöpferisch sein. Sie ist an bestimmte historisch-politische Bedingungen geknüpft. Sie setzt die Fähigkeit des Menschen zu selbstständigem und selbst verantwortetem Handeln voraus.

- Praxis = Tun / Handlung
- Wer von Praxis spricht, geht von zwei Voraussetzungen aus
    o Menschen können aus eigenem Willen und zielgerichtet handeln → zur Selbstbestimmung fähig und Verantwortung fürs Handeln übernehmen können
    o Menschliche Verhältnisse, in die er praktisch handelnd eingreift, verbesserungsbedürftig und verbesserungsfähig sind
- → Praxis ist im Prinzip unvollendet → sie kann weiterentwickelt und verbessert werden/ scheitern
- Praxisdimensionen : Denken, Fühlen, Handeln (= wichtigsten Dimensionen des Lehrens & Lernens)
- Praxis ≠ Gegenbegriff zur Theorie → ist ein komplementärer Begriff
- Praxis und Theorie stehen im spannungsvollem Wechsel zueinander

1.2 Praxiswissen – Missing Link zwischen Theoriewissen und praktischem Tun

- Theoriewissen von Menschen gemacht → Herkunft, Interessen, Vorlieben
- Theoriewissen hilft Unterrichtswirklichkeit zu analysieren und zu deuten
    o liefert sprachliche Kategorien, mit denen eigene Unterrichtspraxis beschrieben werden kann
    o macht deutlich, wie der Gegenstand der Betrachtung strukturiert und dimensioniert ist, klärt die Grenzen zwischen Handlungsmöglichkeiten
    o sagt, dass aktuelles Wissen und Können noch nicht zu Ende ist

Definition: Praxiswissen von Lehrern ist das das im berufspraktischen Handeln gewachsene, aus unterschiedlichen Quellen schöpfende Handlungs- und Reflexionswissen zur Gestaltung von Lehr-Lern-Sit.

- Praxiswissen ist <u>aufgaben- und lösungsbezogen</u> → geeignet zur Bewältigung beruflicher Alltagssituationen und zur kreativen Lösung neuer Aufgaben
- Es ist <u>biografisch</u> vermittelt, ganzheitlich und an die Lehrerpersönlichkeit gebunden
- Es ist <u>erfahrungsbasiert</u> → nur eigene Erfahrungen zählen (nicht die der Kollegen)
- Es kann zu handlungsleitenden <u>Unterrichtsbildern</u> verdichtet werden
- Es ist <u>emotional</u> verankert → Gefühle und Emotionen beim Erwerb des Wissens bleiben lebenslang
- Es ist <u>patchworking</u> → aus verschiedenen Wissensbeständen zusammengefügt (evtl. widersprüchlich)
- Es ist <u>reflexionsentlastet</u> und enthält <u>Denkroutinen</u>, die mit Handlungs- und Gefühlsroutinen eine Allianz eingehen können
- Unterschiedliche Formen von Praxiswissen: besteht aus…
  o Abrufbare Wissensbestände
  o Festen Überzeugungen und Reflexionsroutinen
  o Regelwissen und Rezepten
  o Visionen und Befürchtungen
  o Anschuldigungen und Selbstrechtfertigungen
- Praxiswissen ist erstaunlich stabil und belehrungsresistent
- Erneuerung des Praxiswissens wenn:
  o Lehrer durch persönliche oder berufliche Krisen dazu gezwungen wird
  o Lehrer sich durch intensive Teamarbeit/Supervision neue Perspektiven erarbeitet hat
  o Lehrer aufgrund eines Schulortwechsels völlig neue Arbeitsbedingungen erhält
- Praktiker nutzen Praxiswissen zur Bewältigung und Legitimation des eigenen Tuns
- Theoretiker nutzen theoretische Einsichten zur Darstellung, Kritik und konzeptionelle Weiterentwicklung vorgefundener Praxis für die er nur indirekt Verantwortung übernehmen kann
- Theorie- und Praxiswissen können sich gegenseitig ergänzen und befruchten

1.3 „Wir denken in Bildern und nicht in Theorien"
- Lehrer steuern ihr didaktisch-methodisches Handeln mit Hilfe ihres Praxiswissens
- Verinnerlichte „Unterrichtsbilder"
  o Bilder von guten und schlechten Unterrichtsatmosphären
  o Bilder vom lieben und bösen SuS
  o Bilder von kleinen und großen Katastrophen
  o Bilder von seinen Erfolgen und dem lauten Knall
- Wir denken, während wir handeln, in Bildern und nicht in Theorien

Definition: Unterrichtsbilder sind sinnliche-ganzheitliche Vorstellungen über den Ablauf und die Atmosphäre, über die Voraussetzungen und Ergebnisse guten und schlechten Unterrichts.

- In Bildern werden Vergangenheit, Gegenwart und Zukunft verschmolzen:
  o Erinnerungsspuren an früheren, leibhaftig erlebten Unterricht
  o Aufgesaugte Signale, die von SuS auf Lehrer einströmen
  o Vorgriffe au idealen Unterricht, wie er nur selten realisiert werden kann
- Die verinnerlichten Bilder sind nicht zufällig in uns gewachsen → sind Ausdruck der gesamten bisherigen Lebenspraxis/ eigenen Schulerfahrungen/ Berufsbiographie/ Lehrerpersönlichkeit
- Höchst effektive Überlebensstrategie
- Erlaubt schnell, flexibel und vernetzt zu denken
- Bewusstmachen der Struktur und Qualität der eigenen verinnerlichten Unterrichtsbilder ist entscheidende Voraussetzung für gezielte Verbesserung der eigenen Unterrichtspraxis

2 Aneignungsbedingungen didaktischen Theorie- und Praxiswissens

2.1 Wie wird Theoriewissen angeeignet? – Ein Bericht aus der Uni
- Man erlernt Theorien über Glaubwürdigkeit der Person, die sie vertreten/ erlangt zur Ablehnung von Theorien über Personen, die sie vertreten
- Man erwirbt Theoriewissen in Auseinandersetzung mit Kommilitonen/Mentoren/SuS
- Gestaltung des Lernorts fährt auf Theorieaneignung ab
- Man lernt Neues auf Grundlage des Alten → gut integrierte Theorien werden schnell angeeignet; fremdartige eher weggedrückt / als geistige Herausforderung verstanden/in Krisen abgerufen
- Ausschlachten der Theorieangebote für das eigene, selbst gestrickte Konzept
- Wanderbewegungen von einer zur anderen allgemein- oder fachdidaktischen Position

2.2 Wie wächst Praxiswissen? – Ein Brief aus der Schule
- Praxiswissen entsteht bei der praktischen Arbeit vor Ort (im Klassen- und Lehrerzimmer, Vorbereiten und Ausüben von Unterricht, Wiederkäuen der Erfahrungen von Kollegen oder Kommilitonen)
- Wachstum durch die Verarbeitung selbst gemachter Erfahrungen

3 Didaktische Kompetenzentwicklung

3.1 Was ist didaktische Kompetenz?
- Ein Lehrer muss in der Lage sein, seine tägliche Arbeit
  - Selbstständig
  - Kreativ
  - Handwerklich korrekt
  - Auf wissenschaftlicher Grundlage
  - Auf der Grundlage einer Berufsethik zu erfüllen → didaktische Kenntnisse nötig

Definition: Didaktische Kompetenz besteht aus der Fähigkeit, U kritisch zu reflektieren und ihn zielorientiert, kreativ und unter Beachtung der curricularen und institutionellen Rahmenbedingungen zu gestalten.

- Didaktische Kompetenz ist
  - Ganzheitlich (Verschmelzung von drei Praxisdimensionen: Denken, Handeln, Fühlen)
  - Biografisch vermittelt (direkter Ausfluss der Persönlichkeitsstrukturen des Lehrers)
  - differenziert und verbessert (durch Training)
  - brüchig (durch Veränderung der Arbeitsbedingungen, gesundheitliche Belastungen, Einschleifen schlechter Routinen und anderes)
- Unterteilung der didaktischen Kompetenz in
  - Reflexionskompetenz
    - Fähigkeit: Theorie- und Praxiswissen miteinander zu verknüpfen
    - Reflexive Distanz zum eigenen Handeln
    - Wird zu Unterrichtsbildern verdichtet
  - Handlungskompetenz
    - Fähigkeit: Unterricht zielorientiert und unter Beachtung der curricularen und institutionellen Vorgaben zu inszenieren
    - Beherrschung eines reichen Methodenrepertoires
    - Bereitschaft und Fähigkeit, Erziehungsaufgaben wahrzunehmen
- Reflexions- und Handlungskompetenz bedingen einander → kann reflektieren ohne materielle Handlung auszuführen, aber frühere Handlungsvollzüge schleichen sich in jeden Reflexionsprozess

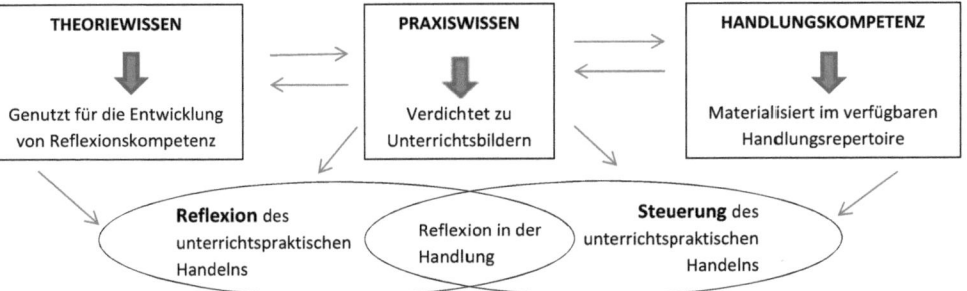

- erfolgreiches Unterrichten setzt voraus:
  - o Lehrer eignet sich differenziertes, zu Unterrichtsbildern verdichtendes Praxiswissen an
  - o Lehrer verfügt über ausreichendes Maß an Handlungskompetenzen
  - o Lehrer ist in der Lage, kritische Distanz zum eigenen Handeln herzustellen
  - o SuS sind bereit, sich in einen Lernprozess verwickeln zu lassen
- Praxiswissen ist entscheidende Instanz → ohne Praxiswissen kann kein Lehrer agieren
- Theoriewissen ist wünschenswerte für professionellen Unterricht unverzichtbare Zutat
- Unterteilung der Reflexionskompetenz
  - o Fachkompetenz:
    - ▪ Fähigkeit, ein Fach theoretisch zu durchdringen
    - ▪ Unterrichtliche Aufgaben- und Themenstellungen fachwissenschaftlich fundieren
    - ▪ Über notwendiges fachliches Können praktisch zu verfügen
  - o Analysekompetenz:
    - ▪ Fähigkeit, den Unterricht im Nachhinein auswerten
    - ▪ Neuen Unterricht vorbereiten
    - ▪ Unterrichtssituationen im Vorhinein kritisch im Blick auf Voraussetzungen und Konsequenzen durchdenken
  - o Planungskompetenz:
    - ▪ Fähigkeit, neue Unterrichtssituationen entwerfen und vorbereiten
    - ▪ Solide planen und trotzdem während des U offen für Interessen / Ideen der SuS sein
- Unterteilung der Handlungskompetenz
  - o Kommunikationskompetenz:
    - ▪ erforderlich um Unterricht gemeinsam mit SuS und in Absprache mit Kollegen, Eltern und Vorgesetzten zu gestalten
  - o Inszenierungskompetenz:
    - ▪ Fähigkeit, Unterrichtssituationen aufbauen, die SuS in Lernprozesse verwickeln und sich selbst mit seinen Lehranteil einbringen
  - o Erziehungskompetenz:
    - ▪ Man kann nicht unterrichten, ohne zugleich zu erziehen

3.2 Kompetenzentwicklung als Professionalisierungsprozess
- Vier Aufgaben pädagogischer Professionstheorie:
  - o Klärt durch empirische rekonstruktive Forschung, wie berufliches Handeln im Schulalltag strukturiert ist und wie Lehrer mit und in dieser Struktur agieren
  - o Identifiziert im Rückgriff auf didaktisches Theoriewissen, welche Handlungsweisen von Lehrern als professionell und welche als unprofessionell gelten können
  - o Hilft Prozess der Professionalisierung von Studenten, Referendaren und L zu analysieren
  - o Formuliert Empfehlungen zur Gestaltung dieses Prozesses

- Lehrer nicht wirklich frei in der Gestaltung ihrer Arbeit
    - o SuS kommen nicht freiwillig, sondern wegen Schulpflicht
    - o Gibt viele fremde Mitregenten (Eltern, Schulleiter, Politiker, Wissenschaftler,...)
- Widersprüche des strukturtheoretischen Ansatzes:
    - o Einsicht oder Befehl?
        - ▪ Lehrer soll SuS mit Gewalt und Liebe zur Selbstständigkeit erziehen
        - ▪ SuS sollen selbst wollen, was sie sollen
    - o Grenzen setzen oder Freigeben?
        - ▪ Lehrer muss Grenzen setzen und diese kontrollieren
        - ▪ L muss SuS auch freigeben (im Wissen, dass SuS Freiheiten missbrauchen können)
    - o Der Einzelne oder die Klasse?
        - ▪ L soll jeden einzelnen SuS fördern und ihm zu seinem Recht verhelfen
        - ▪ Bedürfnisse des Einzelnen kollidieren oft mit dem, was für die Klasse gut ist
    - o Nähe oder Distanz?
        - ▪ L soll Nähe zu seinen SuS herstellen → kann pädagogische Beziehung entstehen
        - ▪ L muss Distanz herstellen können, um andere Aufgaben wahrnehmen zu können
    - o Gesellschaft oder Individuum?
        - ▪ L vertritt gegenüber SuS öffentliche Ansprüche an heranwachsende Generation
        - ▪ L muss gesellschaftlich notweniges Wissen und Können vermitteln
        - ▪ L verteidigt deren Eigenrechte gegenüber öffentlichen Ansprüchen
    - o Planung
        - ▪ Planung ist unverzichtbar
        - ▪ L muss davon ausgehen, dass der Unterrichtsprozess im Kern nicht planbar ist
- Umgehen paradoxer Strukturen → Reihe förderlicher Bedingungen und Persönlichkeitsmerkmalen professionellen Handelns
    - o Aufsuchen vielfältiger Anregungsmilieus (Außerschulische Kulturarbeit, soziales oder kommunalpolitisches Engagement, ...) hilft, schule und die eigenen Unterrichtsarbeit aus unterschiedlichen Perspektiven zu betrachten und Stützsysteme aufzubauen
    - o Starke Identifizierung mit Fach und Beruf hilft, die Berufsarbeit besser zu ertragen
    - o Passives Erdulden widriger Arbeitsbedingungen ≠ kräfteschonend, sondern kräftezehrend
    - o Starres Festhalten am Alten belastet → spielerisches Ausprobieren von Neuem entlastet
    - o Genaues Hinschauen und Versuch zu erspüren, was dem SuS wichtig ist (Perspektivübernahme), hilft nicht nur SuS, sondern erlaubt reflexive Distanz zum eigenen Handeln herzustellen
    - o Identifikation mit dem Berufsethos → erlaubt allen Widrigkeiten zum Trotz eine grundsätzliche pädagogische Solidarität mit anvertrauten SuS zu üben

Definition: Professionelles Handeln von Lehrern besteht in der Fähigkeit
- **In nie genau vorhersehbaren, einmaligen Lehr-Lern-Situationen zielorientiert zu handeln**
- **Widersprüchliche Anforderung zu durchschauen**
- **Die daraus erwachsenden Paradoxen auszuhalten**
- **Die Folgen gemeinsam mit den SuS bearbeiten.**

- Voraussetzungen für den Balanceakt der Widersprüche:
    - o L muss so unterrichten, dass SuS spüren, dass L sie mit seinen Ansprüchen nicht drangsalieren will, sondern dass er das, was er von ihnen verlangt, zu ihrem Vorteil fordert

- o L muss SuS mit ihren Interessen und Bedürfnissen ernst nehmen → dann sind sie bereit, sein Anliegen ernst zu nehmen
- o L muss versuchen, die SuS zu seinen Verbündeten zu machen, indem er ihnen zeigt, dass sie mit seiner Hilfe besser lernen können als ohne ihn
- o L kann widersprüchliche Anforderungen dadurch erträglicher machen, dass er angepasst arbeitet und mal das eine, mal das andere Ziel in den Vordergrund schiebt

3.3 Entwicklungsaufgaben im Lehrerberuf
Definition: Eine Entwicklungsaufgabe eines Studierenden/Referendariats/L ist eine biografisch bedeutsame und subjektiv als notwendig empfundene Herausforderung zum Aufbau didaktischer Kompetenz.

- Sinnvolle Entwicklungsaufgaben:
  - o Entwicklung der Fähigkeit, Unterricht und die Lernprozesse einzelner SuS zu beobachten
  - o Überwindung der Scheu, mit geistig behinderten Kindern umzugehen
  - o Einarbeitung in ein allgemein- oder fachdidaktisches Konzept
  - o Entwicklung von Planungskompetenz
  - o Umgang mit Unterrichtsstörungen
- Entwicklungsviereck
  1) Ein Persönliches Leitbild ausformulieren
  2) Hilfen und Kontrollen organisieren
  3) Persönliche Entwicklungsaufgaben definieren und auspacken
  4) Rahmenbedingungen klären

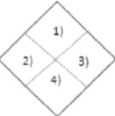

- Pädagogisches Selbstkonzept (PSK)
  - o Leitbild, Fachkonzept, Methodenrepertoire selbst offen legen (im Studienseminar)
  - o Persönliches Dokument des Berufsverständnisses und eigener Ausbildungsinteressen
  - o Beschreibt komplexe Entwicklungsaufgabe

Siebte Lektion – Bildungstheoretische und Kritisch-konstruktive Didaktik

1 Didaktische Analyse als Kern der Unterrichtsvorbereitung

1.1 Die fünf Grundfragen der didaktischen Analyse

- Im Mittelpunkt des bildungstheoretischen Modells steht die didaktische Analyse
- Ziel: didaktische Interpretation und Strukturierung im Hinblick auf die Unterrichtsvorbereitung
- Fünf Grundfrage:
  - o <u>Gegenwartsbedeutung</u>: Welche Bedeutung hat der betreffende Inhalt bereits im geistigen Leben der Kinder meiner Klasse, welche Bedeutung sollte er darin haben?
  - o <u>Zukunftsbedeutung</u>: Worin liegt die Bedeutung des Themas für die Zukunft der Kinder?
  - o <u>Struktur des Inhalts</u>: Welches ist die Struktur des Inhalts?
  - o <u>Exemplarische Bedeutung</u>: Welchen allgemeinen Sachverhalt, welches allgemeines Problem erschließt der betreffende Inhalt?
  - o <u>Zugänglichkeit</u>: Welches sind die besonderen Fälle, Phänomene, Situationen, Versuche, in oder an denen die Struktur des jeweiligen Inhaltes den Kindern dieser Bildungsstufe, dieser Klasse interessant, fragwürdig, zugänglich, begreiflich, anschaulich werden kann?

2 Bezugspunkt „Bildung"

2.1 Der Ertrag „klassischer" Bildungstheorien
- Aufgaben von Bildung
  - Bildung zielt auf die Befähigung zu vernünftiger Selbstbestimmung …
    - Bildung = Ziel und Weg
    - Ist entfaltete Fähigkeit zu vernünftiger Selbstbestimmung
    - Ist Prozess, in dem sich jemand zu dieser Fähigkeit bildet
    - Selbstbestimmung, Freiheit, Autonomie, Mündigkeit, Vernunft
  - …und wird im Rahmen der historisch-gesellschaftlich-kulturellen Gegebenheiten erworben
    - Fähigkeit zu vernünftiger Selbstbestimmung hat keiner von Geburt an
    - Kann nur erworben werden in Auseinandersetzung mit der Welt (gesellschaftliche und politische Situationen, technische Errungenschaften, kulturellen Schöpfungen)
  - Bildung kann jede/jeder nur für sich selbst erwerben, …
    - Selbsttätigkeit = zentrales Merkmal des Bildungsprozesses
    - Niemand kann für jemanden Selbstbestimmung erlangen → wäre Fremdbestimmung
  - … der Bildungsprozess erfolgt aber in einer „Gemeinschaft".
    - Niemand kann alleine zur Selbstbestimmung gelangen → Auseinandersetzung mit anderen Menschen (zT. Auch Anleitung durch Erziehung und Unterricht)
- Prinzipien der Allgemeinbildung (AB)
  - AB ist <u>Bildung für alle</u> ohne Unterscheidung nach Herkunft, Geburt, Besitz,…
  - Ab ist <u>allseitige Bildung</u> → Bildung, die jeden einzelnen möglichst vielfältig fördert
  - Ab ist <u>Bildung „im Medium des Allgemeinen"</u>, die der Einzelne gewinnt in der Aneignung von und Auseinandersetzung mit der gegenwärtigen und vergangenen menschlichen Kulturtätigkeit mit weitesten Sinn des Wortes

Definition: Allgemeinbildung bezeichnet die Fähigkeit eines Menschen, in der Auseinandersetzung mit der Welt selbstbestimmt, kritisch, sachkompetent und solidarisch zu denken, zu handeln du sich weiterzuentwickeln.

2.2 Materiale, formale und prozessorientierte Bildungstheorien
- Zwei Bildungstheorien
  - Materiale Bildungstheorie
    - Bezugspunkt = Objekt
    - Beschreibung eines Kanons von Fächern und Bildungsinhalten
    - Entwicklung einer mehr oder weniger vollständigen Liste von Bildungsgütern
  - Formale Bildungstheorie
    - Bezugspunkt = Subjekt (SuS & ihre subjektiven und/oder objektiven Bedürfnissen)
    - Frage: welches Verhalten und welche Handlungsformen für sie gegenwärtig und zukünftig wichtig sein können
    - Beschreiben Satz von Methoden und Kompetenzen, die die Menschen brauchen, um in der Welt handlungs- und entwicklungsfähig zu werden/ zu bleiben
- Keine der beiden Richtungen kann <u>alleine</u> eine umfassende Bildung des Einzelnen ermöglichen
- → Rede von der „allseitigen" Entfaltung der Persönlichkeit
- Verknüpfung beider Theorien bis heute nicht möglich/ gelungen
- Bildung bewirkt Formung der Person:
  - „Abscheu und Abwehr" von Unmenschlichkeit
  - Wahrnehmung von Glück
  - Fähigkeit und Willen, sich zu verständigen

- o Bewusstsein on Geschichtlichkeit der eigenen Existenz
- o Wachheit für letzte Frage
- o Bereitschaft zur Selbstverantwortung

3 Klafkis Klassiker: Kategoriale Bildung
- „kategoriale Bildung" = Integrationsversuch

3.1 Bildungsinhalt und Bildungsgehalt
- Bildung bei Klafki:

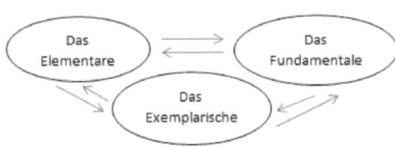

- o Phänomen, bei dem objektive (materiale) & subjektive (formale) Momente bewusst werden
- o Versuch, erlebte Einheit der Bildung sprachlich auszudrücken → mit Hilfe dialektisch verschränkter Formulierungen
- o Als Vorgang → Sich-Erschließen bzw. Erschlossenwerden eines Menschen für Inhalte und ihren Zusammenhang als Wirklichkeit
- „kategoriale Erschließung" → damals, Prinzip von der Verbindlichkeit der gültigen Lehrpläne
  → ständige Veränderungen → ständige Überprüfung
- Aufgabe des Lehrers:
  - o Lehrplanvorgaben mit den 5 Fragen der didaktischen Analyse untersuchen
  - o Bildungsgehalt vorgegebener Bildungsinhalte auf die Schulklasse und die eigenen Bildungsabsichten freilegen
- Bildungsinhalt stellvertretend für viele Kulturinhalte
- Bildungsinhalte machen sichtbar:
  - o Grundprobleme
  - o Grundverhältnisse
  - o Grundmöglichkeiten
  - o Allgemein Prinzipien
  - o Gesetze
  - o Werte
  - o Methoden
    - ➢ Bildungsgehalt
- Erarbeitung des Bildungsgehalts ist ein kreativer Prozess → differenzierte allgemein- und fachdidaktische Kenntnisse und didaktisch-methodische Fantasie nötig
- Didaktische Analyse immer von Vorne für die jeweilige Schulklasse bzw. Lerngruppe
- Keine Kriterien und Verfahren entwickelt, um eigenständig Ziele, Themen und Inhalte zu bestimmen
- → Verknüpfung von materialer und formaler Bildung nicht vollendet
- → inhaltliche Entscheidungen den Lehrplanvorgaben überlassen

3.2 Das Elementare, Fundamentale und Exemplarische
- Drei didaktische Prinzipien
  - o Exemplarische:
    - ▪ Mut-zur-Lücke-Funktion
    - ▪ Geht um die Qualität des Gelernten, nicht um die Quantität
  - o Elementar:
    - ▪ Besonderer Fall bzw. Beispiel, der das Allgemeine fassbar macht
  - o Fundamental:
    - ▪ Erfahrungen, in denen Einsichten auf prägnante Weise gewonnen werden
  - o Gewinnung von 2) und 3) an exemplarisch, eindrucksvollen, fruchtbaren Beispielen
  - o Allgemein: Suche nach grundlegenden Erfahrungs-, Lern- und Lehrmöglichkeiten
  - o Auslösen eines Bildungsprozesses durch genaues Hinschauen, Staunen, Widersprüche aufdecken, Augenschein misstrauen

3.3 „Sachanalyse", Inhaltsstruktur und Primat der Didaktik

- Wichtiger Teil der didaktischen Analyse ist die Untersuchung der Struktur des Themas
- Frage nach der Gegenwartsbedeutung im Blick auf aktuelle subjektive Bedürfnisse, Interessen, Erfahrungen der SuS; pädagogisch begründbare Lehrabsichten des Lehrers
- Struktur des Inhalts:

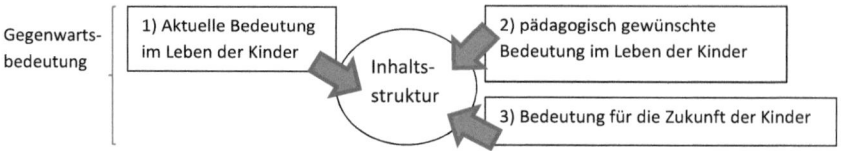

- Fachwissenschaften im Rahmen der didaktischen Strukturierung eine regulative Funktion
- → helfen, didaktische Perspektiven auf das Thema fachlich korrekt zu formulieren
- Didaktische Strukturierung: Analyse der Inhaltsstruktur, didaktische Analyse und didaktische Fragen an das Thema (unterrichtsmethodische Vorbereitung)

3.4 Und die unterrichtsmethodische Vorbereitung?

- Dominant bei Klafki: Frage nach Unterrichtsinhalt und -gehalt
  - o Unterrichtsmethodische Vorbereitung kaum betrachtet
  - o Beschäftigt sich mit der Entfaltung der Didaktik im engeren Sinne → problematisch
- Didaktische Analyse fordert gewisses Maß an ziel- und inhaltsbezogenen Überlegungen

4 Weiterentwicklung des Modells: Kritisch-konstruktive Didaktik

- 1970 Angriff auf die Bildungstheoretische Didaktik mit folgenden Argumenten:
  - o Politisch-gesellschaftskritisch
    - ▪ Konservatives Modell
    - ▪ Orientierung am Bürgertum bzw. an der Mittelschicht und seinen Ideologien
    - ▪ Stabilisierung der herrschenden Klassengesellschaft
  - o Wissenschaftlich
    - ▪ Empirisch zu wenig abgesichert
    - ▪ Kaum Formulierung klarer Ziele
  - o Unterrichtspraktisch
    - ▪ Vernachlässigung der Unterrichtsmethodik wegen der Orientierung am Primat
    - ▪ Unzulängliche Interpretation der Wechselbeziehungen zw. Zielen, Inhalten, Methoden
    - ▪ Praxisfern
- Neufassung des didaktischen Modells von Klafki → kritisch-konstruktive Didaktik
  - o Kritisch
    - ▪ Im Unterricht grundlegende Zielstellungen → entsprechen seinem aufklärerischen, humanistischen Menschenbild
    - ▪ → in der Gesellschaft nicht erreicht: Didaktische Zielstellungen:
      - • Selbstbestimmungsfähigkeit, Mitbestimmungsfähigkeit, Solidaritätsfähigkeit
  - o Konstruktiv
    - ▪ Entwurf einer konkreten Utopie → nicht ausschließlich an institutionelle und curriculare Rahmenbedingungen zur Unterrichtsgestaltung gebunden
    - ▪ Entwicklung, Ermittlung und Erprobung von Möglichkeiten, um Lehr- und Lern-Prozesse zu verwirklichen

4.1 Bildung wird zum pädagogisch-politischen Auftrag

- Drei der Bildungstheorie herausgearbeiteten Gesichtspunkte unverzichtbar:
  - o Fundament des Bildungsbegriffs ist das Aufklärungspostulat
  - o Auch heute muss gelten: Allgemein ist Bildung erst dann, wenn sie allseitige (mindestens vielseitige) Bildung für alle Menschen im Medium des Allgemeinen ist
  - o Bildung ist keine Privatangelegenheit → sie bezeichnet die Fähigkeit eines Menschen, in Auseinandersetzung mit der Welt selbstbestimmt und solidarisch zu denken, zu handeln und sich weiterzuentwickeln
- Durchführung einer didaktischen Analyse bei der Unterrichtsvorbereitung
- Keine Orientierung am Lehrplan, sondern am Maßstab der Selbstbestimmungs-. ‚Mitbestimmungs- und Solidaritätsfähigkeit der SuS → Bildung eines hochpolitischen, kritischen Modells
- Untersuchung von Hindernissen beim Lehren und Lernen innerhalb der Ziele
- Lehrpläne und Rahmenrichtlinien im Sinn der allgemeinen Zielstellung beeinflussen und verändern
- Allgemeinbildungskonzept für die Weiterentwicklung des Bildungswesens als pädagogischer und politischer Entwurf im Blick auf Notwendigkeiten, Probleme, Gefahren und Möglichkeiten der Gegenwart und der voraussehbaren Zukunft

4.2 SuS-Probleme und vielseitige Interessen- und Fähigkeitsentwicklung

- Ziele der Selbstbestimmungs-, Mitbestimmungs- und Solidaritätsfähigkeit:
  1) Epochaltypische Schlüsselprobleme unserer kulturellen, gesellschaftlichen, politischen, individuellen Existenz: Brennpunkte gegenwärtiger und zukünftiger, gesellschaftlicher, nationaler und globaler Entwicklung
     - o Themen von Allgemeinbildung werden durch grundlegende Probleme der Menschen und der Gesellschaft (nicht mehr durch Bildungskanon im Sinne tradierter Bildungsgüter bestimmt)
  2) Polare Ergänzung: vielseitige Interessen- und Fähigkeitsentwicklung
     - o „Blickverengung" verhindern und Entfaltung der „Mehrdimensionalität menschlicher Attraktivität und Rezeptivität" sichern
     - o Problemunterricht soll nicht ausschließlich durch Schlüsselprobleme bestimmt sein → muss zT. obligatorisches „breites Angebot an weiteren Lernmöglichkeiten" zur Verfügung stellen
  3) Problemunterricht soll zu grundlegende Einstellungen und Fähigkeiten führen, die über den Bereich des jeweils thematisierten Schlüsselproblems hinausreichen:
     - o Bereitschaft und Fähigkeit zu Kritik, Argumentieren, Empathie, vernetzendem Denken,...
  4) Befähigung zum Handeln
- Schlüsselprobleme:
  - o Friedensfrage
  - o Problematik des Nationalitätsprinzips
  - o Umweltproblem→ Zerstörung oder Erhaltung?
  - o Rapide wachsende Weltbevölkerung
  - o Problem der gesellschaftlich produzierten Ungleichheit
  - o Verhältnis der Industriegesellschaften zu den Entwicklungsländern
  - o Gefahren und Möglichkeiten der neuen technischen Steuerungs-, Informations- und Kommunikationsmedien
  - o Menschliche Sexualität und Verhältnis der Geschlechter untereinander bzw. gleichgeschlechtliche Beziehungen
- Konzept der Schlüsselprobleme: Antwort auf das Problem des Gegensatzes zw. materialen und formalen Bildungstheorien

- o Schlüsselprobleme bestimmen weder Inhaltskanon noch allgemeine Inhalte → stehen zwischen materialen und formalen bildungstheoretischen Aspekten und greifen auf beide:
  - ▪ Zu Problemen werden sie nur durch bestimmte Inhalte und ihre Lösung erfordert den Erwerb bestimmter Kompetenzen
  - ▪ Lösung: Verflechtung von materialer, formaler und prozessorientierter Bildungstheorie
  - o Schlüsselprobleme benennen grundlegende Probleme der Menschen und der Gesellschaft in einer bestimmten Epoche als konkreten, für den Unterricht verbindlichen Rahmen
    - ▪ Innerhalb dieses Rahmens werden Entscheidungen über Themen, Gegenstände und Verfahren in die Hände der Lehrer uns SuS gelegt
    - ▪ Entspricht Zielen der Selbstbestimmungs-, Mitbestimmungs- und Solidaritätsfähigkeit und erfordert Weiterentwicklung der Schulen zu „lernenden Organisationen"
  - o Entscheidung über Schlüsselprobleme erfordert Konsens der SuS und Lehrer sowie der wichtigsten gesellschaftlichen Interessengruppen
  - o Schlüsselprobleme wandeln sich im historischen Prozess
    - ▪ Veränderung der gesellschaftlichen Bewertung
- Problemunterricht:
  - o Teilaspekte noch nicht zu einem Gesamtkonzept verknüpft → viele offene Enden
  - o Thema, Konzept, Methode müssen passen
  - o Klafki: Im Lehr-Lern-Prozess müssen die Prinzipien der Selbst-, Mitbestimmung und Solidarität in einer Folge wachsenden Anspruchs und wachsender Schwierigkeitsgrade verwirklicht werden
  - o → Mitplanung des Unterrichts bzw. einzelner Unterrichtsphasen durch die SuS → Unterrichtskritik zusammen mit den SuS
  - o → offener/ schülerzentrierter/ schülerorientiertet Unterricht

4.3 Perspektivschema zur Unterrichtsplanung
- Unterrichtsvorbereitung mit Hilfe von sieben Aspekten:

5 Fragen der didaktischen Analyse
  - o Gegenwartsbedeutung
  - o Zukunftsbedeutung
  - o Exemplarische Bedeutung, ausgedrückt in den allgemeinen Zielsetzungen der Unterrichtseinheit, des Projekts oder Lehrgangssequenz
  - o Thematische Struktur (einschließlich Teillernziele und soziale Lernziele)
  - o Zugänglichkeit bzw. Darstellbarkeit (zB. durch Medien)
  - o Erweisbarkeit und Überprüfbarkeit (Feststellung des Lernerfolgs)
  - o Lehr-Lern-Prozessstruktur, Interaktionsstruktur, Medium sozialer Lernprozesse
- Ziel: Bildungswert im Hinblick auf Selbstbestimmungs-, Mitbestimmungs- und Solidaritätsfähigkeit zu ermitteln
- Didaktische Perspektiven des Problemunterrichts kaum zu finden → nur Prinzip des Exemplarischen
- Kein systematischer Zusammenhang zw. Problemunterricht und Unterrichtsplanung bei Klafki
- Kritisch-konstruktive Didaktik nur flächendeckend in der Praxis der Lehrerausbildung zu finden

4.4 Noch einmal: „und die unterrichtsmethodische Vorbereitung?"
- Unterrichtsmethodisches Defizit in der Bildungstheoretischen Didaktik und der kritisch-konstruktiven Didaktik nicht behoben
- Hinzufügen von „Erweisbarkeit und Überprüfbarkeit"
- Lernen auf eindeutig messbare, „operationalisierte" Verhaltensänderungen reduziert
- → weiterhin abstrakte Verbindung zw. den differenziert ausgearbeiteten Bildungszielen und der Umsetzung in der Unterrichtspraxis

4.5 Schultheoretische Rahmung

- Schultheoretische Konsequenzen:
    - Wenn „Bildung für alle" → dann Abbau selektiv, trennende Momente der Schulstruktur (Klafki als Verfechter des Gesamtschulgedankens und Befürwortet der Integration von SuS mit sonderpädagogischen Förderbedarf in den Regelschulen)
    - Wenn SuS möglichst vielseitig gebildet werden sollen → dann erfordert es ein thematisch breites und stärkerer individualisiertes Unterrichtsangebot → Forderung innerer Differenzierung in allen Schulen → vielseitige Bildung
    - Wenn Schlüsselprobleme im Unterrichtsmittelpunkt → dann Unterricht epochal oder als Projekt gestalten und strenge Abschottung zwischen den Fächern
    - Wenn projektförmig und Fächergrenzen gelockert→ dann in Lehrer- und SuS-Teams arbeiten
    - Wenn in Lehrerteams dauerhaft erfolgreich arbeiten → dann erweiterte Schulleitung
- Konzept des Problemunterrichts ist nur dann zu realisieren, wenn sich daran arbeitende Kollegen, SuS und Eltern als Lernende Schule verstehen

4.6 Abschließende Einschätzung

- Kritisch-konstruktive Didaktik als Problemunterricht
    - Politische Dimension der grundlegenden Bildungsziele wird durch Benennung konkreter Problemfelder noch deutlicher hervorgehoben → erfordern Erarbeitung eines gesellschaftlichen Konsens über die Bewertung der Wichtigkeit existenzieller, epochaltypischer Schlüsselprobleme → geht um die zentrale Bedeutung eines Problems
    - Politische Dimension zeigt sich auch für den Einzelnen: Beschäftigung mit HIV-Infizierten
    - In Frage stellen der traditionellen Grenzen der Schulfächer und der Lernort-Monopole → keines der genannten Schlüsselprobleme lässt sich im 45-Minuten-Takt behandeln
    - Schlüsselprobleme lassen sich nicht ein für alle Mal in einem Unterrichtsentwurf genießen → müssen immer wieder neu auf ihren möglichen Beitrag zur Allgemeinbildung durchdacht werden, da sich Problemstellung von Mal zu Mal ebenso ändert wie die Fragen die SuS haben
    - Problemunterricht erzwingt hohes Maß an unterrichtsmethodischer Fantasie → zielt auf Engagement und bewusste politische Beteiligung der Heranwachsenden im Umgang mit Gegenwarts- und Zukunftsproblemen ab → erfordert hohes Maß an Beteiligung der SuS an Planung, Gestaltung und Auswertung des Unterrichts
    - Problemunterricht stellt hohe Ansprüche an Lehrer: müssen selbstbewusst und selbstständig immer wieder neue Problemlösungen erarbeiten → gibt keine Rezepte
    - Problemunterricht stellt hohe Ansprüche an die SuS: müssen sich auf Widersprüche dieser Welt einlassen → Flucht lässt dieser Ansatz nicht zu

Zehnte Lektion – Konstruktivistische Modelle

1 Was heißt „Konstruktivismus"

1.1 Ausgangspunkte

- Erkenntnistheorie ist Teildisziplin der Philosophie

Definition: Aufgabe der Erkenntnistheorie ist es „Ursprung, Gewissheit und Umfang der menschlichen Erkenntnis zu untersuchen".

- Ernst von Glasersfeld:
    - Unkonventionelle Weise, Probleme des Wissens und Erkennens zu betrachten

- o Radikaler Konstruktivismus → Wissen nur in den Köpfen der Menschen; Wissen nur auf Grundlage eigener Erfahrungen konstruiert
- o Gehirn konstruiert auf Basis unspezifischer Reize von außen und eigener neuronaler Aktivität die Welt → keinen objektiven Maßstab für die Richtigkeit unserer Wahrnehmung /Wissen

Definition: „Die Wirklichkeit, in der ich lebe, ist ein Konstrukt des Gehirns."

1.2 Grundannahmen

- Kein einheitliches, fertige Theoriegebäude → philosophisch-erkenntnistheoretische Baustelle
  - o Grundannahme:
    - Jedes Lebewesen steht in ständigem und lebensnotwenidgem Energieaustausch mit seiner Umgebung → Austausch von Wissen oder Informationen zwischen Umgebung und Lebewesen findet jedoch nicht statt
    - Informationell ist jedes Lebewesen ein „geschlossenes System" → Gehirn ≠ weltoffen nach außen gerichtet

Definition: Ein lebender Organismus ist eine selbstständige, autonome, organisatorisch geschlossene Weisheit"

  - o Grundannahme:
    - Wissen und Erkenntnisse werden nicht unmittelbar mit Hilfe unserer Wahrnehmung aufgebaut → nur durch eigenes Handeln
  - o Grundannahme:
    - Lebende Systeme organisieren sich selbst ihre kognitiven Strukturen und können sich dabei grundsätzlich nur auf ihre eigenen Zustände beziehen
    - → arbeiten selbstorganisiert und selbstreferenziell
  - o Grundannahme:
    - Selbstorganisation verläuft nicht zufällig oder beliebig → wird durch die dem Lebewesen eigenen, biologischen gegebenen und lebensgeschichtlich entwickelten Strukturen bestimmt
    - nicht die Welt außen bestimmt, was und wie jemand wahrnimmt, weiß &denkt, sondern eigene innere Struktur → Ereignisse von außen nur Auslöser von Veränderungen
  - o Grundannahme:
    - Konkrete Ausformung der Selbstorganisation eines Lebewesens folgt dem Prinzip der Funktionalität: Lebewesen wählen solche Verhaltensweisen aus, die ihr Überleben sichern → gilt auch fürs Denken
    - Ideen, Konzepte, Theorien sind funktional, wenn kein Widerspruch zu unserer Weltwahrnehmung besteht → keine Gefährdung des mentalen Gleichgewichts
  - o Grundannahme:
    - Wenn jeder seine eigene Wirklichkeitskonstruktion aufbaut, bleibt die Frage, wieso diese Umwelt auch von anderen bevölkert ist mit ähnlicher Erlebenswelt
    - Wirklichkeitskonstrukt bezieht Mitmenschen in unsere Wahrnehmung ein
  - o Grundannahme:
    - anderes Wissen ist besser/ hochwertiger → verschiedene variable Möglichkeiten
    - wissenschaftliches Wissen ist konstruiert → kein Unterschied zw. alltäglichen Erfahrungswissen und wissenschaftlichem Wissen
- neue Sicht auf Wahrnehmungs- und Erkennungsvorgänge
- liefert bequeme Entscheidungen bei Misserfolgen

2 Konstruktivistische Didaktik

2.1 Systemisch-konstruktivistische Pädagogik (Kersten Reich)

- 3 Dimensionen der Selbst- und Weltsicht:
  - o Das Symbolische
    - Aussagen über die Welt, die im Austausch mit anderen Menschen entstehen und uns die Verständigung mit anderen ermöglichen
    - Zeichen, Ergebnisse menschlicher Arbeit und Erfindungen
  - o Das Imaginäre
    - Inneres Verhalten, zu dem andere Menschen keinen direkten Zugang haben, über das wir aber aus der Beobachtung des Handelns eines Menschen (zB. Körpersprache) Vermutungen anstellen können
  - o Das Reale
    - Unsere symbolischen Konstrukte reduzieren die Komplexität des Realen
    - Keine Imagination ist fähig, ein ganzes Bild der anderen Menschen und der Welt zu erfassen und zu behalten → es entsteht vor dem Hintergrund unser eigenen inneren Bilder und Vorstellungen
    - Das Reale = Erscheinung; sehr offenes Konstrukt → hängt vom Beobachter ab, was real erfahren wird
    - Differenz zwischen dem Realen und unseren symbolischen /imaginären Konstrukten
- Reale= Grund, auf den das Symbolische und Imaginäre sich beziehen
- Imaginäre schließt den Zugang zu anderen Menschen auf → Verständigung mit anderen übers Reale
- Dreifache Entfaltungsaufgabe für Unterricht (nach Reich)
  - o Die symbolische Realität entfalten
  - o Die imaginative Realität entfalten
  - o Die Grenzen der Realitätskonstruktionen entfalten
- Als Weg durch dreifache Entfaltungsaufgabe → didaktischer Kreislauf von 3 versch. Perspektiven
  - o Konstruktion (Erfindung):
    - Selbst erfahren, ausprobieren, experimentieren, immer in eigene Konstruktionen ideeller oder materieller Art überführen und in den Bedeutungen für die individuellen Interessen-, Motivations- und Gefühlslagen thematisieren
    - Wir sind die Erfinder unserer Wirklichkeit
  - o Rekonstruktion (sammelnde Wiedergabe)
    - Wird möglich durch zunehmend entwickelte Fähigkeit der SuS zum eigenen, aktiven und konstruktiven Umgang mit Themen, kulturelle Leistungen, historische Entwicklungen, Erfindungen und Erkenntnisse gemeinsam zu rekonstruieren
    - Wir sind die Entdecker unserer Wirklichkeit
  - o Dekonstruktion (Enttarnung)
    - Dekonstruktion verfestigter Wege, die Kritik der Normalisierung von gewohnten Erkenntnissen und Verhaltensweisen, die Öffnung neuer Perspektiven
- Vier Grundpostulate zum konstruktivistischen Unterricht
  - o Unterricht ist konstruktiver Ort
  - o Aufgabe der Didaktik: konstruktive Akte des Aufklärens und der Reflexion in möglichst hoher Selbsttätigkeit zurückzugeben
  - o Themen und Inhalte durch Selbst- und Mitbestimmung aller Beteiligten aushandeln
  - o Neugestaltung der Beziehungen zw. Lehrer und SuS hat Vorrang vor der Inhaltsvermittlung
- Fordert Methodenvielfalt

2.2 Andere konstruktivistische Ansätze im Überblick

1. Rolf Huschke-Rhein: Systemische Pädagogik
   o Pädagogik als eine das ganze Leben begleitende Beratungswissenschaft
   o Ziel von Bildung = interne Fähigkeit von Menschen zur Selbstorganisation in 3 Systemebenen
     ▪ Biologisch-körperliche Gesundheit
     ▪ Soziale Kommunikationsfähigkeit
     ▪ Bewusstseinsentwicklung der psychischen Systeme
   o Bildungsrelevante Lernumgebung schaffen → eigenes Handeln besonders wichtig, denn Lernen, Erfahren und Handeln wirken zirkulär aufeinander
   o Gelerntes wird lebensbedeutsam, wenn es sich als handlungsrelevant und viabel erweist
2. Horst Siebert: Lernen als Konstruktion von Lebenswelten
   o Drei pädagogische Leitideen (in komplementärer Ergänzung zueinander):
     ▪ Viabilität: verweist auf pragmatische, brauchbare, bewährte Orientierungen
     ▪ Nachhaltigkeit: Überprüfung der Zukunftsfähigkeit unseres Denkens und Handelns
     ▪ Vernunft: Verantwortung des Menschen fürs Gemeinwohl für Humanität & Gerechtigkeit
   o Viabilität ohne Vernunft bleibt egozentrisch
   o Vernunft ohne Viabilität bleibt normativ-idealistisch
   o Sucht Anschlussstellen zwischen Didaktik und Konstruktivismus
   o Grundlagen des Lehrens und Lernens bereitgestellt
3. Edmund Kösel: Subjektive Didaktik
   o Basiskomponenten des Unterrichts:
     ▪ Biographische Struktur des Ich ⎤ Stehen in der dynamischen
     ▪ Soziale Dimension des Wir ⎬ Wechselbeziehung der
     ▪ Struktur der Sache ⎦ „didaktischen Spirale"
   o Handfeste & vielschichtige Modelle einer prozess-, handlungs- & normorientierten Didaktik
   o Subjektive Didaktik als didaktische Supertheorie → Integration von Theorie und Konzepten zwischen Pädagogik und Therapie → nötig sind
     ▪ Transaktionsanalyse
     ▪ Psychodrama
     ▪ Integrierte Persönlichkeitstheorie
     ▪ Neuro-Linguistisches Programmieren
     ▪ Gestaltpädagogik
     ▪ Kommunikationspsychologie
     ▪ Symbolischer Interaktionismus
4. Forschungsperspektiven
   o Neue Perspektiven durch radikale Subjektorientierung
   o Einbeziehung von Ergebnissen der Gehirnforschung und Neurowissenschaften
   o konstruktivistische Sicht des Lernens

3 Abschließende Einschätzung

- Moderater oder gemäßigter Konstruktivismus
- Stärke konstruktivistischer Argumente:
  o Entschiedenen, respektvollen Eintretens für den Einzelnen & Eigen-Sinn seiner Subjektwerdung
  o Wahrnehmung der zunehmenden Heterogenität der SuS einer Klasse → Chance zu Vielfalt und individueller Entwicklung
  o Forderung nach Differenzierung und individueller Förderung

- Blick auf den Einzelnen und seinen Möglichkeiten (im Unterricht und in päd. Forschung)
- Erkenntnis der Bedeutung der Beziehungsebene beim Lehren und Lernen
- Forderung der gezielten Ablösung unterrichtsmethodischer Monokulturen durch reiche Gestaltung der Lernumgebung und Vielfalt der Lehr- und Lernwege
- Erkenntnis der grundlegenden Bedeutung des Wechselverhältnisses von Handeln und Lernen
- Stärkung der Verantwortung der SuS für eigenes Handeln
- Aufforderung, Lehrpläne nicht zu ernst nehmen
- Lehrer als Gestalter von Lernumgebungen und Berater